4-ZUTATEN-KÜCHE

4-Zutaten-Küche

Parragon

Bath • New York • Singapore • Hong Kong • Co ogne • De hi • Me bourne

Love Food ® is an imprint of
Parragon Books Ltd

Layout: Terry Jeavons & Company
Fotos: Mike Cooper
Fachberatung: Lincoln Jefferson

Übersetzung: Sabine Schiffner
Satz: Grafikdesign Birgit Beyer, Köln
Redaktion: trans texas publishing, Köln

ISBN 978-1-4075-4114-3
Printed in China

Hinweis
Sofern die Schale von Zitrusfrüchten benötigt wird, verwenden Sie unbedingt unbehandelte Früchte.
Sind Zutaten in Löffeln angegeben, ist immer ein gestrichener Löffel gemeint: Ein Teelöffel entspricht 5 ml, ein Esslöffel 15 ml.
Bei Eiern ist – sofern nicht anders angegeben – immer die Größe M gemeint.
Die angegebenen Zeiten können von den tatsächlichen leicht abweichen, da je nach verwendeter Zubereitungsmethode und vorhandenem Herdtyp Schwankungen auftreten.

Inhalt

Einleitung

Geschmack, Vielfalt und Nährwert der eigenen Küche sind durch nichts zu ersetzen. Jedoch entspricht die Zubereitung einer Familienmahlzeit im Alltag nicht unbedingt der Zubereitung von Menüs im Sterne-Restaurant. Denn Sie müssen selbst einkaufen, vorbereiten, kochen und aufräumen, während Sie gleichzeitig Ihre Arbeit, das Familienleben und auch noch ein wenig Zeit für sich selbst unter einen Hut bringen müssen. Die wöchentlichen Großeinkäufe sowie die Vor- und Zubereitung von leckeren und gesunden Mahlzeiten sollen keinesfalls den größten Teil Ihrer kostbaren Zeit in Anspruch nehmen.

Nur vier Zutaten zu verwenden – abgesehen von Wasser, Salz und Pfeffer und einigen Beilagen wie Dips, Brot und möglichen Garnituren – verringert den Zeitaufwand, den Sie mit Einkaufen und Essensvorbereitung haben, und das Ergebnis kann sich obendrein noch sehen lassen. So wie Sie Zeit sparen – heutzutage schließlich eines unserer kostbarsten Güter –, macht die Beschränkung auf wenige Zutaten die Wahl der Lebensmittel einfacher. Viele Menschen finden eine lange Liste von Zutaten, gefolgt von unübersichtlichen Kochanweisungen, eher abschreckend. Zudem ist es oft schwierig, sich vorzustellen, ob man die fertige Mahlzeit am Ende tatsächlich mag. Bei nur vier Zutaten hat man jedoch eine ziemlich klare Vorstellung von der fertigen Mahlzeit, und selbst ein unerfahrener Koch hat so sein Erfolgserlebnis.

Das Überraschendste an den Rezepten in diesem Buch ist die unglaubliche Vielfalt an Gerichten, die man mit nur vier Zutaten zubereiten kann. Sie reichen von großen sonntäglichen Familienessen bis zu schnellen Snacks und leichten Hauptgerichten, von herzhaften Aufläufen, Braten und Backwaren bis hin zu beeindruckend eleganten festlichen Gerichten. Die Kapitel in diesem Buch sind übersichtlich angeordnet: Suppen, Vorspeisen und Snacks, Fisch und Meeresfrüchte, Fleisch und Geflügel, Gemüse und vegetarische Gerichte und Desserts; Rezepte für jeden Geschmack, jede Gelegenheit und jede Haushaltskasse.

Bei nur vier Zutaten ist es besonders wichtig, qualitativ hochwertige Lebensmittel zu verarbeiten. Das muss nicht unbedingt heißen, dass sie mehr kosten müssen. Die Entscheidung darüber, ob man lieber Bioprodukte verwenden sollte oder nicht, ist jedem selbst überlassen, doch die Frische eines Produkts trägt wesentlich zum Geschmack bei. Wenn möglich, sollte man regionale Produkte der Saison bevorzugen, sie schmecken besser und enthalten die wichtigsten Nährstoffe. Geben Sie Geschmack und Aroma den Vorzug vor perfektem Aussehen.

1 Suppen, Vorspeisen & Snacks

Hausgemachte Suppen sind immer beliebt, ob an kalten Wintertagen heiß aus dem Topf serviert oder gekühlt als Erfrischung zu einem leichten Mittagessen im Sommer gegessen. Das Beste an Suppen ist, dass sie so einfach zuzubereiten sind. Dieses Kapitel enthält außerdem Rezepte für verführerische Snacks und Vorspeisen, die sowohl bei einer einfachen Familienmahlzeit als auch bei Festlichkeiten ankommen.

Rinderconsommé mit Ei & Parmesan

ZUTATEN

Für 4 Personen

Vier

1,5 l Rinderbrühe

3 Eier

25 g Semmelbrösel

25 g frisch geriebener Parmesan

Zusätzlich

Salz

1 Die Brühe in einen Topf geben und langsam erhitzen, dabei mehrfach umrühren.

2 Inzwischen die Eier verquirlen und anschließend mit dem Parmesan und den Semmelbröseln vermischen. Zuletzt Salz zufügen.

3 Wenn die Brühe kocht, die Eiermischung hineingeben. Sobald sie an die Oberfläche steigt, mit einer Gabel auflockern. In warme Suppenschüsseln geben und sofort servieren.

Spinat-Käse-Suppe

ZUTATEN

Für 6–8 Personen

Vier

250 g Blattspinat, die harten Stiele entfernt

600 ml Milch

750 ml Gemüse- oder Hühnerbrühe

200 g Kräuterfrischkäse mit Knoblauch

Zusätzlich

Salz und Pfeffer

Croûtons (nach Belieben)

1 Den Spinat in einen großen Topf geben, Milch hinzufügen und zum Kochen bringen. Dann die Hitze reduzieren und 12 Minuten köcheln lassen. Den Topf vom Herd nehmen und abkühlen lassen.

2 Die kalte Suppe in eine Küchenmaschine geben und, falls notwendig, portionsweise verquirlen. Den Käse in Stücke schneiden und zur Suppe geben. Abermals gut vermischen, bis die Suppe flüssig und cremig ist.

3 Die Suppe in eine Schüssel geben und mit Salz und Pfeffer abschmecken. Mit Frischhaltefolie abdecken und mindestens drei Stunden kalt stellen. Die Suppe gut umrühren, bevor sie in Suppenschüsseln gegeben wird. Croûtons nach Belieben hinzugeben und sofort servieren.

Leichte Spargelsuppe

ZUTATEN

Für 4 Personen

Vier

450 g Spargelstücke aus der Dose

2 EL Butter

2 EL Mehl

600 ml Milch

Zusätzlich

Salz und Pfeffer

1 Den Spargel abtropfen lassen, die Flüssigkeit aufbewahren. Die Spargelstücke zerkleinern und beiseitestellen.

2 Die Butter in einem Topf bei kleiner Hitze zerlassen. Das Mehl hinzufügen und 1 Minute kochen, dabei ständig rühren. Den Topf vom Herd nehmen.

3 Nach und nach die Spargelflüssigkeit hinzugießen, dann die Milch langsam zugeben. Den Topf wieder auf den Herd stellen und alles zum Kochen bringen. Die Spargelstücke hinzufügen und 2–3 Minuten köcheln lassen.

4 Die Suppe in eine Küchenmaschine geben, falls notwendig, portionsweise, und so lange mixen, bis sie gut vermischt ist. Vor dem Servieren umrühren. Nach Belieben mit Pfeffer und Salz würzen und servieren.

Erbsencremesuppe

ZUTATEN

Für 4 Personen

Vier

120 g Butter

1 Zwiebel, fein gehackt

450 g ausgelöste Erbsen

600–700 ml Milch

Zusätzlich

150 ml Wasser

Salz und Pfeffer

1 Die Butter in einem Topf bei niedriger Hitze zerlassen. Die Zwiebel hinzufügen und unter ständigem Rühren 5 Minuten dünsten, bis sie weich ist.

2 Die Erbsen hinzugeben und das Wasser zugießen. Bei mittlerer Hitze 3–4 Minuten köcheln lassen, bis die Erbsen weich sind. (Tiefkühlware ist in 10 Minuten gar.)

3 Die Milch hinzufügen, mit Salz und Pfeffer abschmecken und zum Kochen bringen, dabei ständig rühren.

4 Den Topf vom Herd nehmen und abkühlen lassen, dann die Suppe in eine Küchenmaschine geben und mixen, bis sie eine cremige Konsistenz hat.

5 Die Suppe in den ausgespülten Topf zurückgeben und zum Kochen bringen. Wenn sie beginnt einzudicken, die verbleibende Milch in einem kleinen Topf erhitzen und in die Suppe geben. Nach Belieben mit Salz und Pfeffer abschmecken und servieren.

Porree-Kartoffel-Suppe

ZUTATEN

Für 4 Personen

Vier

4 EL Butter

4 Porreestangen, in feine Ringe geschnitten

350 g Kartoffeln, gewürfelt

850 ml Hühner- oder Gemüsebrühe

Zusätzlich

Salz und Pfeffer

natives Olivenöl extra (nach Belieben)

1 Die Hälfte der Butter in einem kleinen Topf bei geringer Hitze zerlassen. Den Porree darin 5 Minuten dünsten, bis er weich wird.

2 Die Kartoffeln hinzugeben und weitere 3 Minuten dünsten, die Temperatur erhöhen, die Brühe hinzugießen und zum Kochen bringen. Die Hitze reduzieren, den Topf abdecken und alles 35–40 Minuten köcheln, bis Porree und Kartoffeln gar sind.

3 Den Topf vom Herd nehmen und die restliche, gestückelte Butter in die Suppe rühren. Mit Salz und Pfeffer abschmecken. Die Suppe durch ein Haarsieb in eine vorgewärmte Schüssel passieren. Die Suppe schmeckt auch unpassiert, mit den Porree- und Kartoffelstücken. Sofort servieren, nach Belieben einen Spritzer Olivenöl hinzugeben.

Gekühlte Avocadosuppe

ZUTATEN

Für 4 Personen

Vier

1 l Hühner- oder Gemüsebrühe

200 g Schlagsahne

2 große Avocado

2 EL fein gehackte Schnittlauchröllchen

Zusätzlich

Salz und Pfeffer

Tabasco (nach Belieben)

1 Brühe und Sahne in einen Topf füllen und bei geringer Temperatur erhitzen, bis sie fast kochen.

2 Die Avocado halbieren und entkernen. Mit einer Gabel das Fleisch in den Schalen zerdrücken, dann in eine Schüssel geben. Die Brühe nach und nach mit einem Schneebesen unter die zerdrückten Avocados rühren.

3 Mit Salz und Pfeffer abschmecken und abkühlen lassen. Dann mit Frischhaltefolie abdecken und für 2–3 Stunden kalt stellen. Rühren, mit Knoblauch bestreuen und nach Belieben mit Tabasco besprenkeln und servieren.

Gekühlte Paprika-Orangen-Suppe

ZUTATEN

Für 4 Personen

Vier

5 unbehandelte Blutorangen

3 EL Olivenöl

1,5 kg rote Paprika, in Streifen

1½ EL Orangenblütenwasser

Zusätzlich

Salz und Pfeffer

natives Olivenöl extra, zum Beträufeln (nach Belieben)

1 Die Schale von einer Orange vorsichtig abreiben, von einer weiteren Orange die Schale mit einem Zestenschneider abziehen. Beiseitestellen. Die restlichen Orangen auspressen und den Saft auffangen.

2 Das Öl in einem Topf erhitzen, die Paprikastreifen darin bei mittlerer Temperatur 10 Minuten dünsten. Die abgeriebene Schale zugeben und einige Minuten kochen. Dann die Hitze reduzieren und 20 Minuten bei gelegentlichem Rühren köcheln lassen.

3 Den Topf vom Herd nehmen, langsam abkühlen lassen, dann die Mischung in eine Küchenmaschine geben und pürieren. Orangensaft und Orangenblütenwasser hinzugießen und abermals pürieren.

4 Die Suppe in eine Schüssel gießen, mit Salz und Pfeffer abschmecken und ganz auskühlen lassen. Dann mit Frischhaltefolie abdecken und im Kühlschrank 3 Stunden kalt stellen. Vor dem Servieren gut rühren, anschließend mit den Orangenzesten dekorieren und nach Belieben mit ein paar Tropfen Olivenöl beträufeln.

Schinkenröllchen

ZUTATEN

Für 4 Personen

Vier

9 Baby-Porreestangen

9 dünne Scheiben Hinterkochschinken

1 EL Speisestärke

1½ EL Sonnenblumenöl

Zusätzlich

Salz und Pfeffer

1 Die Porreestangen auf eine Länge kürzen und in kochendem Salzwasser 2 Minuten blanchieren. Abtropfen lassen, in kaltem Wasser abschrecken und abermals abtropfen.

2 Drei Scheiben Schinken auf einer sauberen Fläche überlappend nebeneinanderlegen. Mit etwas Speisestärke bestreuen. 3 Porreestangen abwechselnd mit den Enden und Spitzen nach oben an ein Ende der Schinkenscheiben legen und diese aufrollen. Mit Küchengarn zusammenbinden. Mit restlichem Schinken, Speisestärke und Porree ebenso verfahren.

3 Das Öl in einer Pfanne erhitzen, die Röllchen hineingeben und bei mittlerer Temperatur 6–8 Minuten braten. Dabei regelmäßig wenden, bis der Schinken etwas gebräunt ist.

4 Die Röllchen aus der Pfanne heben und auf Küchenpapier abtropfen lassen. Das Garn entfernen und die Röllchen in Stücke von 1 cm Dicke schneiden. In einer vorgewärmten Schüssel anrichten, pfeffern und sofort servieren.

Schinken-Spargel-Röllchen

ZUTATEN

Für 6 Personen

Vier

6 große Scheiben Kochschinken

400 g Spargelenden aus der Dose, abgetropft

300 ml Spargel- oder Pilzcremesuppe

150 g frisch geriebener Gruyère

1 Den Backofen auf 180 °C vorheizen. Die Schinkenscheiben auslegen und die Spargelenden darauf verteilen. Den Schinken aufrollen und die Röllchen in eine Auflaufform legen.

2 Die Suppe vorsichtig erhitzen, bis sie fast kocht. Dann vom Herd nehmen, den Käse hineingeben und rühren, bis er geschmolzen ist.

3 Die Suppe über die Schinkenröllchen gießen und 20 Minuten im Ofen backen, bis sie heiß sind und Bläschen werfen. Direkt aus der Form servieren.

Chorizo mit Petersilie & Oliven

ZUTATEN

Für 6 Personen

Vier

1 EL Olivenöl

650 g Chorizo-Wurst, in 5-mm-Scheiben geschnitten

1 Bund frisch gehackte glatte Petersilie

100 g schwarze Oliven

1 Das Öl in einer großen gusseisernen Pfanne erhitzen, die Chorizo darin bei mittlerer Temperatur unter mehrmaligem Wenden 5 Minuten anbraten, bis sie knusprig ist. Mit einem Pfannenwender herausnehmen und auf Küchenpapier abtropfen. Das verbleibende Fett in der Pfanne lassen.

2 Das Öl abermals erhitzen, die gegarten Wurstscheiben, Petersilie und Oliven 3–4 Minuten erhitzen. Sofort servieren.

Bruschetta mit Tomaten

ZUTATEN

Für 4 Personen

Vier

8 Scheiben Ciabatta

4 Knoblauchzehen, halbiert

8 Eiertomaten, gehäutet und in Stücke geschnitten

natives Olivenöl extra, zum Beträufeln

Zusätzlich

Salz und Pfeffer

frisches Basilikum, zum Garnieren (nach Belieben)

1 Den Backofengrill vorheizen. Das Brot von beiden Seiten kurz rösten. Jede Scheibe mit einer halben Knoblauchzehe einreiben und abermals unter den Grill legen.

2 Die Tomatenstücke auf dem Brot verteilen. Mit Salz und Pfeffer bestreuen und mit Olivenöl beträufeln. Nach Belieben mit Basilikum garnieren und servieren.

Nachos mit Chillies & Oliven

ZUTATEN

Vier

1 kg Tortilla-Chips

6 EL Jalapeño-Chillies aus dem Glas, in feinen Ringen

125 g schwarze Oliven, entsteint und in Scheiben

250 g frisch geriebener Emmentaler

Zusätzlich

Knoblauchdip

Für 4 Personen

1 Den Backofen auf 180 °C vorheizen. Die Tortilla-Chips in einer großen Auflaufform verteilen.

2 Chillies, Oliven und geriebenen Käse gleichmäßig über die Tortilla-Chips verteilen und 12–15 Minuten backen, bis der Käse geschmolzen ist und Blasen wirft. Mit dem Knoblauchdip oder einem Dip Ihrer Wahl servieren.

Auberginendip

ZUTATEN

Vier

2 große Auberginen

4 EL natives Olivenöl extra

2 Knoblauchzehen, sehr fein gehackt

4 EL Zitronensaft

Zusätzlich

Salz und Pfeffer

6 Scheiben geröstetes Weißbrot, zum Servieren

Für 4–6 Personen

1 Den Backofen auf 180 °C vorheizen. Die Haut der Auberginen mit der Spitze eines scharfen Messers einritzen, ohne das Fleisch zu verletzen, und auf Backpapier legen. 1 ¼ Stunden im Ofen backen, bis sie weich sind.

2 Die Auberginen aus dem Ofen nehmen und etwas abkühlen lassen. Halbieren, mit einem Löffel das Fruchtfleisch herausschaben und in eine Schüssel geben. Das Fleisch mit einer Gabel vorsichtig zerdrücken.

3 Nach und nach Olivenöl, Knoblauch und Zitronensaft untermischen. Mit Salz und Pfeffer abschmecken. Mit Frischhaltefolie abdecken und im Kühlschrank aufbewahren. Mit geröstetem Weißbrot servieren.

Artischocken mit Petersilienbutter

ZUTATEN

Für 4 Personen

Vier

4 große Artischocken

125 g Butter

2 Knoblauchzehen, fein gehackt

2 EL frisch gehackte glatte Petersilie

Zusätzlich

Salz

1 Die Stiele der Artischocken abbrechen und von den Spitzen mit einem scharfen Messer 1 cm abschneiden. Mit einer Küchenschere die Spitzen der äußeren Blätter abschneiden.

2 Die Artischocken in einen Topf geben, mit Wasser bedecken und etwas Salz hinzufügen. Zum Kochen bringen, die Hitze reduzieren, den Topf abdecken und 45 Minuten köcheln lassen, bis die Artischocken weich sind. Sie sind gar, wenn sich eines der unteren Blätter leicht abziehen lässt. Gut abtropfen und kopfüber auf Küchenpapier legen.

3 Die Butter in einem kleinen Topf bei geringerer Hitze zerlassen. Den Knoblauch darin 30 Sekunden anschwitzen. Den Topf vom Herd nehmen und die Petersilie unterrühren. Die Petersilienbuttersauce in eine Servierschüssel geben. Die Artischocken aufgestellt auf Tellern servieren und die Butter dazu reichen.

2 Fisch & Meeresfrüchte

Fisch ist am besten, wenn man ihn ganz einfach zubereitet, sodass er seinen Geschmack entfalten kann, ohne von anderen Zutaten erdrückt zu werden. Er ist also perfekt, um die Vielfalt der Zubereitungsmöglichkeiten mit nur vier Zutaten zu entdecken. Vom japanischen Thunfisch über Familiengerichte, scharf gewürzte Garnelen bis hin zu einem cremigen Muschelgericht aus der Normandie hat man in diesem Kapitel eine große Auswahl.

Flunder in Sahnesauce

ZUTATEN

Für 4 Personen

Vier

800 g Flunderfilet

50 g Butter, zerlassen

200 g saure Sahne

50 g frisch geriebener Emmentaler

Zusätzlich

Salz und Pfeffer

frisch gehackte Petersilie, zum Garnieren (nach Belieben)

1 Den Backofengrill vorheizen. Fischfilets mit Haut nach Belieben enthäuten. Dafür das Filet auf einem leicht gesalzenen Schneidebrett auslegen. Die Schneide eines scharfen Messers am Schwanzende ansetzen und mit der Schneide die Haut nach und nach mit sägenden Bewegungen vom Fleisch lösen. Mit den verbleibenden Filets ebenso verfahren.

2 Die Oberseiten der Filets mit zerlassener Butter bestreichen und 6 Minuten unter den Grill legen. Die Grillpfanne herausnehmen und jedes Filet mit saurer Sahne bestreichen und mit Käse bestreuen.

3 Den Fisch wieder unter den Grill legen und 1–2 Minuten grillen, bis der Käse geschmolzen ist. Mit Pfeffer und Salz würzen und nach Belieben mit Petersilie bestreut servieren.

Red Snapper aus dem Ofen

ZUTATEN

Für 4 Personen

Vier

2 Bund frisches Basilikum

90 g weiche Butter

4 Knoblauchzehen, zerdrückt

4 Red Snapper oder Rotbarben (à 350 g), küchenfertig

Zusätzlich

Salz und Pfeffer

1 Den Backofen auf 180 °C vorheizen. 4 doppelte Lagen Alufolie so zurechtschneiden, dass jeweils ein Fisch hineinpasst.

2 Zum Garnieren 4 Basilikumblätter zurückbehalten und die restlichen hacken. Die Butter in einer Schüssel mit einem hölzernen Löffel zerdrücken, dann Basilikum und Knoblauch hinzugeben. Mit Salz abschmecken.

3 Den Fisch innen und außen mit Salz und Pfeffer bestreuen. Jeweils einen Fisch auf eine doppelte Lage Aluminiumfolie legen. ¼ der Basilikum-Knoblauch-Butter in den Fisch geben und diesen komplett in der Aluminiumfolie einwickeln. Mit den restlichen Fischen ebenso verfahren.

4 Die Fische auf ein Backblech legen und 25–30 Minuten backen, bis das Fleisch bei der Berührung mit einer Messerspitze aufreißt. Die Fische in der Folie auf warme Teller geben und auswickeln. Den Fisch mit der Kochflüssigkeit vorsichtig auf die Teller gleiten lassen und sofort servieren.

Schwertfischsteaks aus dem Ofen

ZUTATEN

Für 4 Personen

Vier

4 Schwertfischsteaks (à 200 g)

2 Zitronen oder 3 Limetten

50 g Butter

8 eingelegte Artischockenherzen

Zusätzlich

Salz und Pfeffer

1 Den Backofen auf 180 °C vorheizen. Vier doppelte Lagen Alufolie rechteckig ausschneiden, sodass ein Fischsteak hineinpasst.

2 Auf jedes Alufolienrechteck ein Steak legen und die Seiten hochbiegen, bis es teilweise bedeckt ist. Mit Salz und Pfeffer würzen. Den Saft einer Zitrone oder von 1½ Limetten auspressen. Die Butter vierteln und jeweils ein Viertel auf jedes Fischsteak legen. Darauf jeweils 2 Artischockenherzen setzen und den Zitronensaft auf die Päckchen verteilen.

3 Den Fisch komplett in die Folie einwickeln und die Päckchen auf ein Backblech legen. 25 Minuten backen, bis das Fleisch aufreißt, wenn es mit der Spitze eines Messers berührt wird.

4 Inzwischen die andere Zitrone in Scheiben schneiden. Die Fischpäckchen auf vorgewärmte Servierplatten geben, oben öffnen und mit Zitronenscheiben garnieren. Sofort servieren.

Lachs mit Käse & Salbei

ZUTATEN

Für 4 Personen

Vier

4 Lachsfilets (à 200 g)

4 Scheiben Taleggio-Käse (oder ein anderer mildwürziger Käse), ohne Rinde

8 frische Salbeiblätter

8 Scheiben roher Schinken

Zusätzlich

Salz und Pfeffer

natives Olivenöl extra, zum Beträufeln (nach Belieben)

1 Den Fisch mit Salz und Pfeffer würzen. Den Käse auf Größe der Filets zurechtschneiden und auf die Filets legen. Zwei Salbeiblätter auf jedes Käse-Fisch-Filet legen und alles in zwei Schinkenscheiben wickeln.

2 Eine Steakpfanne erhitzen. Die umwickelten Filets hineinlegen und bei mittlerer Hitze 5 Minuten anbraten. Mit einem Pfannenwender vorsichtig wenden und weitere 5 Minuten braten.

3 Die Filets auf vorgewärmte Teller geben. Nach Belieben mit Olivenöl beträufeln und sofort servieren.

Kräuter-Lachs-Päckchen mit Schinken

ZUTATEN

Für 4 Personen

Vier

2 Bund gemischte frische Kräuter, z. B. Koriander, Petersilie, Basilikum und Dill

125–175 ml natives Olivenöl extra

4 Lachsfilets (à 200 g)

8 Scheiben roher Schinken

Zusätzlich

Salz und Pfeffer

1 Den Backofen auf 175 °C vorheizen. Die Kräuter grob hacken und in einen Mörser geben, mit etwas Salz vermischen und zerreiben. Nach und nach das Olivenöl hinzugießen, bis eine dicke Paste entsteht.

2 Die Kräuterpaste gleichmäßig auf der Oberseite der Lachsfilets verteilen, dann jedes Filet in 2 Scheiben Schinken wickeln.

3 Die umwickelten Filets auf ein Backblech legen und 20–25 Minuten backen. Auf vorgewärmte Servierteller geben und sofort servieren.

Seezunge mit Pfifferlingen

ZUTATEN

Für 4 Personen

Vier

90 g Butter, plus etwas mehr zum Einfetten

8 Seezungenfilets (à 100 g)

Saft von 1 Zitrone

125 g Pfifferlinge, in dünne Scheiben geschnitten

Zusätzlich

Salz und Pfeffer

1 Den Backofen auf 190 °C vorheizen. Eine Auflaufform mit Butter einfetten.

2 Die Filets mit Salz und Pfeffer würzen, die Hälfte der Butter daraufgeben und mit dem Zitronensaft beträufeln. 4 Filets in die vorbereitete Form legen und darauf eine Lage Pfifferlinge geben. Die verbleibenden Filets darauflegen und zuletzt die verbleibende Butter darübergeben.

3 Die Form mit einem Deckel oder einem Stück Alufolie abdecken, auf ein Backblech stellen und 20 Minuten backen, bis das Fleisch aufreißt, wenn man es mit der Spitze eines Messers ansticht. Sofort aus der Auflaufform servieren.

Seeteufelspieße

ZUTATEN

Für 4 Personen

Vier

50 ml Olivenöl

2 EL Zitronensaft

1½ TL frisch gehackter Majoran oder Oregano

500 g Seeteufelfilet, in 2,5-cm-Würfel geschnitten

Zusätzlich

Salz und Pfeffer

1 Öl, Zitronensaft und Majoran in einer Schüssel vermischen und mit Salz und Pfeffer abschmecken. Die Seeteufelwürfel hineingeben und wenden, bis sie mit der Marinade überzogen sind. 30 Minuten marinieren.

2 Den Backofengrill vorheizen. Die Seeteufelstücke abtropfen und die Würfel auf 8 in Wasser eingelegte Holzspieße stecken. Unter den Grill legen und bei gelegentlichem Wenden 3–5 Minuten grillen, bis das Fleisch aufreißt, wenn man es mit der Spitze eines Messers berührt. Sofort servieren.

Schwertfisch mit Tomatenkruste

ZUTATEN

Vier

4 Schwertfisch- oder Thunfischsteaks (à 175 g)

3 Tomaten, in Scheiben geschnitten

75 g frische Vollkornsemmelbrösel

abgeriebene Schale und Saft von 1½ Zitronen

Zusätzlich

Salz und Pfeffer

frisch gehackte Petersilie

Zitronenspalten (nach Belieben)

Für 4 Personen

1 Den Backofen auf 200 °C vorheizen. Die Fischsteaks nebeneinander in eine Auflaufform legen und mit den Tomaten bedecken.

2 Semmelbrösel mit Zitronenschale und -saft in einer Schüssel mischen und die Mischung gleichmäßig über den Tomaten verteilen.

3 Die Auflaufform in den Backofen stellen und 20–25 Minuten backen, bis der Fisch aufreißt, wenn man ihn mit der Spitze eines Messers berührt. Mit Salz, Pfeffer und Petersilie würzen und nach Belieben mit Zitronenspalten garnieren und sofort servieren.

Rochen mit Kapern

ZUTATEN

Für 4 Personen

Vier

4 Rochenflügel (à 220 g), küchenfertig und enthäutet

1½ EL Olivenöl

3 EL Kapernäpfel oder Kapern, gewässert

abgeriebene Schale und Saft von 1 Orange

Zusätzlich

Salz und Pfeffer

1 Eine Grillpfanne erhitzen. Die Rochenflügel mit Küchenpapier trocken tupfen. Beide Flügelseiten mit dem Öl bestreichen, in die Pfanne legen und bei hoher Temperatur 3–4 Minuten von jeder Seite anbraten, abhängig von der Dicke der Flügel.

2 Die Hitze reduzieren und Kapern, Orangenschale und Saft hinzufügen. 1 Minute köcheln lassen und mit Salz und Pfeffer abschmecken. Direkt aus der Pfanne servieren.

Teriyaki-Thunfisch

ZUTATEN

Vier

4 Thunfischsteaks (à 175 g)

6 EL Sake (japanischer Reiswein)

6 EL Mirin

6 EL helle Sojasauce

Für 4 Personen

1 Die Thunfischsteaks nebeneinander in eine flache Auflaufform legen. Sake, Mirin und Sojasauce in einem Schraubglas vermischen. Die Mischung über den Fisch gießen, den Fisch darin wenden, mit Frischhaltefolie abdecken und im Kühlschrank 6–8 Stunden marinieren.

2 Den Backofengrill vorheizen. Den Thunfisch abtropfen und die Marinade aufbewahren. Den Fisch auf einen Grillrost legen und 2–4 Minuten grillen, dabei gelegentlich mit der Marinade bestreichen. Alternativ kann man ihn auch auf dem Holzkohlegrill braten.

3 Die verbleibende Marinade in einen kleinen Topf geben und zum Kochen bringen. Sobald sie kocht, vom Herd nehmen. Den heißen Thunfisch mit der warmen Sauce servieren.

Backfisch mit Zitronen

ZUTATEN

Für 4 Personen

Vier

1 Seebarsch oder Karpfen (1,5 kg), küchenfertig

2 EL frisch gehackter Koriander

1 EL edelsüßes Paprikapulver

1 Glas in Öl eingelegte Zitronen, in Streifen geschnitten

Zusätzlich

Salz und Pfeffer

1 Den Backofen auf 240 °C vorheizen. Mit einem scharfen Messer den Fisch 3- bis 4-mal auf jeder Seite einschneiden. Den Fisch innen und außen mit Salz und Pfeffer einreiben. Den Koriander in den Fisch geben und außen mit dem Paprikapulver einreiben.

2 20 Zitronenstreifen abtropfen und 10–12 auf den Boden einer großen Auflaufform legen, in die auch der Fisch passt. Den Fisch darauflegen und mit den restlichen Zitronenstücken belegen. 150 ml Öl von der Einlegflüssigkeit der Zitronen abmessen und über den Fisch gießen.

3 Den Fisch 5 Minuten backen, dann die Ofentemperatur auf 180 °C reduzieren und bei häufigem Begießen 40–45 Minuten backen, bis der Fisch bei der Berührung mit der Spitze eines Messers aufreißt. Direkt aus der Form servieren.

Wolfsbarsch mit Tomaten, Joghurt & Spinat

ZUTATEN

Für 6 Personen

Vier

650 g frischer Blattspinat, die harten Stiele entfernt

6 Wolfsbarschfilets (à 175 g)

6 EL Naturjoghurt

6 Tomaten, gehäutet, entkernt und in Scheiben geschnitten

Zusätzlich

Salz und Pfeffer

natives Olivenöl extra, zum Beträufeln (nach Belieben)

1 Den Backofen auf 230 °C vorheizen. Den Spinat in kochendem Salzwasser 1 Minute blanchieren. Gut abtropfen lassen, so viel Flüssigkeit wie möglich herauspressen und mit Küchenpapier trocken tupfen. Beiseitestellen.

2 Die Fischfilets mit Salz und Pfeffer einreiben. Die Spinatblätter zu 6 großen Blättern arrangieren, sodass sie ein Filet umhüllen können. Ein Filet auf jedes Spinatblatt geben und 1 EL Joghurt daraufsetzen. Die Tomatenscheiben auf den Filets verteilen und die Spinatblätter komplett um die Filets wickeln, bis sie sie ganz umschließen.

3 Die Fischpäckchen vorsichtig nebeneinander in eine Auflaufform legen. 10–15 Minuten backen, bis das Fleisch aufreißt, wenn man es mit der Spitze eines Messers berührt. Nach Belieben mit Olivenöl beträufeln, mit Salz und Pfeffer bestreuen und sofort servieren.

Sahnemuscheln auf normannische Art

ZUTATEN

Für 4 Personen

Vier

2 kg lebende Miesmuscheln

300 ml trockener Cidre

6 Frühlingszwiebeln, fein gehackt

6 EL Schlagsahne

Zusätzlich

Salz und Pfeffer

1 Die Muscheln unter fließend kaltem Wasser abbürsten und die Bärte entfernen. Alle geöffneten oder beschädigten Muscheln aussortieren und wegwerfen.

2 Den Cidre in einen großen Topf gießen, Frühlingszwiebeln hinzufügen und mit Salz und Pfeffer abschmecken. Zum Kochen bringen und 2 Minuten kochen.

3 Die Muscheln in den Topf geben, dicht verschließen und bei hoher Temperatur kochen, den Topf dabei ab und zu rütteln, bis sich die Muscheln nach 5 Minuten geöffnet haben. Die Muscheln mit einem Schöpflöffel herausnehmen, die geschlossenen Muscheln wegwerfen und die restlichen warm stellen.

4 Die Kochflüssigkeit durch ein Haarsieb passieren. Aufkochen und 8–10 Minuten köcheln, bis sich die Flüssigkeit auf die Hälfte reduziert hat. Die Sahne einrühren und anschließend die Muscheln 1 Minute kochen, um sie zu erwärmen. In vorgewärmten Tellern servieren.

Miesmuscheln mit Petersilien-Knoblauch-Butter

ZUTATEN

Für 4 Personen

Vier

3 große Knoblauchzehen

175 g weiche Butter

50 g frisch gehackte Petersilie

2 kg lebende Miesmuscheln

Zusätzlich

Salz und Pfeffer

1 Die Knoblauchzehen auf ein Brett legen und mit der Klinge eines Messers zerdrücken. Eine große Prise Salz hinzufügen und zu einer Paste verreiben. Die Paste zur Butter in eine Schüssel geben, die Petersilie hinzufügen und mit Pfeffer abschmecken. Zu einer Rolle formen, in Pergamentpapier wickeln und im Kühlschrank kalt stellen.

2 Die Muscheln unter fließend kaltem Wasser abbürsten und die Bärte entfernen. Geöffnete oder beschädigte Muscheln wegwerfen.

3 Den Backofengrill vorheizen. Die Spitze eines kleinen scharfen Messers auf der Längsseite jeder Muschel einführen und einmal rundherum führen, dann wieder zurück. Anschließend die Muschel aufklappen.

4 Die einzelnen Muschelhälften nebeneinander in eine Auflaufform legen. Darauf die Butter geben. Unter dem Grill 5–8 Minuten grillen, bis die Muscheln leicht gebräunt sind und die Butter zerlassen ist. Sofort servieren.

Jakobsmuscheln in Wermut

ZUTATEN

Für 4 Personen

Vier

1 kg ausgelöste frische Jakobsmuscheln

4 EL Butter

4 EL Noilly Prat oder trockener Wermut

3 EL frisch gehackte glatte Petersilie

Zusätzlich

Salz und Pfeffer

1 Falls nötig, die Jakobsmuscheln waschen und mit Küchenpapier trocken tupfen. Mit Salz und Pfeffer würzen.

2 In einer großen Pfanne 1 Esslöffel der Butter zerlassen. Wenn sie bräunt, die Hälfte der Muscheln hineingeben und 4–5 Minuten braten, bis sie auf beiden Seiten leicht goldbraun sind. Aus der Pfanne nehmen und warm stellen. 1 weiteren Esslöffel Butter in der Pfanne zerlassen und die restlichen Muscheln ebenso braten, dann vom Herd nehmen und warm stellen.

3 Den Noilly Prat in die Pfanne gießen und die restliche Butter hinzugeben. Wenn sie zerlassen ist, die Petersilie hineinstreuen. Die Sauce über die Jakobsmuscheln gießen. Mit Pfeffer abschmecken und sofort servieren.

Cremige Senfgarnelen

ZUTATEN

Vier

20–24 rohe Riesengarnelen (Tiger Prawns)

4 EL Butter

200 g Schlagsahne

1 EL Dijon-Senf

Zusätzlich

Salz und Pfeffer

Für 4 Personen

1 Die Köpfe der Garnelen abdrehen und die Garnelen schälen. Auf dem Rücken mit einem scharfen Messer einen Längsschnitt machen und mit der Spitze eines Messers vorsichtig den dunklen Darmfaden herausziehen.

2 Die Butter in einer großen Pfanne zerlassen, die Garnelen darin 3–4 Minuten anbraten. Die Sahne hinzugeben und mit Salz, Pfeffer und Senf abschmecken. Bei geringerer Temperatur weitere 5 Minuten köcheln. Sofort servieren.

Garnelen in Orangensaft

ZUTATEN

Für 6 Personen

Vier

3 rote Paprika

30–36 große rohe Garnelen

2 EL Olivenöl

Saft von 1 großen Orange

Zusätzlich

Salz und Pfeffer

1 Den Backofengrill vorheizen. Die Paprika auf ein Backblech legen und grillen, bis die Haut Blasen schlägt und schwarz wird. Dabei gelegentlich wenden. Mit einer Zange in einen hitzefesten Plastikbeutel geben und abkühlen lassen.

2 Inzwischen die Köpfe der Garnelen abdrehen und die Garnelen schälen. Auf dem Rücken mit einem scharfen Messer einen Längsschnitt machen und mit der Spitze eines Messers vorsichtig den dunklen Darmfaden herausziehen.

3 Wenn die Paprika kalt genug sind, die Haut abziehen. Halbieren, entkernen und in Streifen schneiden.

4 Das Öl in einer großen Pfanne erhitzen, die Paprikastreifen darin anbraten, mit Salz und Pfeffer abschmecken, abdecken und bei niedriger Temperatur 5 Minuten kochen. Die Garnelen 3–4 Minuten mitkochen, dann den Orangensaft hineingießen und weitere 2–3 Minuten köcheln, bis die Garnelen gar sind. Nach Belieben mit Salz und Pfeffer abschmecken und servieren.

Feurige Chili-Garnelen

ZUTATEN

Für 4 Personen

Vier

3–4 frische grüne Chillies

Saft von 1 Limette

2 EL Erdnussöl

24 rohe Riesengarnelen (Tiger Prawns)

Zusätzlich

Salz

1 Wenn das Gericht etwas milder werden soll, die Chillies vor der weiteren Verarbeitung entkernen, für mehr Schärfe mit Kernen grob hacken. Chillies, Limettensaft und Öl in die Küchenmaschine geben und glatt pürieren. Die Mischung in eine Schüssel geben.

2 Die Köpfe der Garnelen abdrehen und die Garnelen schälen. Auf dem Rücken mit einem scharfen Messer einen Längsschnitt machen und mit der Spitze eines Messers vorsichtig den dunklen Darmfaden herausziehen. Die Garnelen in der Marinade wenden, bis sie ganz davon überzogen sind. Mit Frischhaltefolie abdecken und 30 Minuten marinieren.

3 Den Backofengrill vorheizen. Die Garnelen gut abtropfen lassen, die Marinade aufbewahren und die Garnelen auf 6 Holzspieße stecken. 5 Minuten unter den Grill legen. Dabei gelegentlich wenden und mit der Marinade bestreichen, bis sie gar sind. Alternativ können die Garnelen auch auf dem Holzkohlegrill zubereitet werden. Mit Salz abschmecken und sofort servieren.

3 Fleisch & Geflügel

Ob festliches Menü oder schlichtes Essen im Kreis der Familie – die Gerichte in diesem Kapitel werden jeden begeistern. Dabei ist es erstaunlich, dass selbst deftige Eintöpfe, edles Schmorfleisch und Kurzgebratenes, würziges Hühnchen und sogar fruchtige Entenbrust mit nur vier Zutaten zubereitet werden!

Pfeffersteak

ZUTATEN

Für 4 Personen

Vier

4 EL grüne Pfefferkörner

4 Roastbeef-Steaks (à 250 g)

125 g Butter

2 EL Weinbrand

1 Die Pfefferkörner auf beiden Seiten ins Fleisch drücken. Auf Teller legen, abdecken und 1 Stunde ruhen lassen.

2 In einer großen gusseisernen Pfanne die Butter zerlassen, die Steaks darin 2–4 Minuten von jeder Seite anbraten. Mit einem Pfannenheber herausnehmen und warm stellen.

3 Den Weinbrand in die Pfanne geben und mit dem Bratenfett verrühren. Die Sauce über die Steaks gießen und sofort servieren.

Gefülltes Rinderfilet

ZUTATEN

Für 4 Personen

Vier

1 Rinderfiletkopf (600 g)

5 EL getrocknete, in Öl eingelegte Tomaten, fein gehackt

1 Bund frische gemischte Kräuter, fein gehackt

1 EL Sonnenblumenöl

1 Den Backofen auf 160 °C vorheizen. Mit einem sehr scharfen Fleischmesser mit dünner starker Klinge von der Längsseite her durch das Fleisch mit drehenden Bewegungen eine Öffnung von 1 cm Durchmesser schneiden.

2 Tomaten und Kräuter in einer Schüssel vermischen. Die Mischung in die Öffnung geben, mit den Fingern oder dem Griff eines Rührlöffels nachdrücken.

3 Das Öl in einem Bräter erhitzen, das Fleisch darin von allen Seiten 5–8 Minuten anbräunen. Den Bräter in den Ofen stellen und unter gelegentlichem Begießen 20–25 Minuten (rosa), 30–35 Minuten (medium) oder 45–55 Minuten (durchgebraten) garen.

4 Den Bräter aus dem Ofen nehmen und das Fleisch etwas abkühlen lassen. Dann aufschneiden und servieren.

Bier-Schmorfleisch

ZUTATEN

Für 4 Personen

Vier

4 EL Sonnenblumenöl

3 Zwiebeln, in Ringe geschnitten

1 kg Rinderschmorfleisch

300 ml Maibock oder anderes Starkbier

Zusätzlich

Salz und Pfeffer

1 Den Backofen auf 150 °C vorheizen. Die Hälfte des Öls in einer Pfanne auf mittlerer Temperatur erhitzen und die Zwiebeln unter gelegentlichem Rühren 10 Minuten darin andünsten, bis sie weich und goldbraun sind. Die Zwiebeln mit einem Schaumlöffel herausnehmen und beiseitestellen.

2 Das Schmorfleisch im restlichen Öl bei mittlerer Temperatur 8–10 Minuten von allen Seiten anbraten.

3 Die Hälfte der Zwiebeln in einen ofenfesten Bräter geben. Das Schmorfleisch hinzufügen, mit Salz und Pfeffer würzen und mit den verbleibenden Zwiebeln bedecken. Das Bier hinzugießen, abdecken und 3 Stunden im Ofen garen, bis das Fleisch sehr zart ist. Direkt aus dem Topf servieren.

Kotelett & Kartoffeln in Rotwein

ZUTATEN

Für 4 Personen

Vier

4 Schweinekoteletts

750 g festkochende Kartoffeln, geschält und in große Stücke geschnitten

1 EL Koriandersamen, zerdrückt

400 ml Rotwein

Zusätzlich

Salz und Pfeffer

1 Das Fett von den Koteletts abschneiden und in einer beschichteten Pfanne auslassen. Die Kartoffeln darin bei mittlerer Temperatur unter gelegentlichem Rühren 20 Minuten anbraten, bis sie rundum goldbraun sind. Mit einem Schöpflöffel aus der Pfanne nehmen und in einen Schmortopf geben.

2 Die Koteletts 8–10 Minuten in der Pfanne anbraten, bis sie gut gebräunt sind. Ebenfalls in den Schmortopf geben.

3 Die Koriandersaat in den Schmortopf streuen, mit Salz und Pfeffer würzen und den Rotwein zugießen. Zum Kochen bringen, die Hitze reduzieren, abdecken und 40 Minuten köcheln, bis das Fleisch gar und zart ist. Direkt aus dem Topf servieren.

Lamm mit Roquefort-Walnuss-Butter

ZUTATEN

Vier

50 g Butter

150 g Roquefort, zerkleinert

2 EL fein gehackte Walnusskerne

8 Lammnüsschen

Zusätzlich

Salz und Pfeffer

Schnittlauchröllchen, zum Garnieren (nach Belieben)

Für 4 Personen

1 Die Hälfte der Butter in einer Schüssel mit einem Holzlöffel zerdrücken. Käse und Walnusskerne hinzufügen, alles gut vermischen und mit ein wenig Salz und Pfeffer abschmecken. Die Butter auf ein Stück Backpapier geben und zu einer Rolle formen. Einwickeln und im Kühlschrank kalt stellen.

2 Die restliche Butter in einer Pfanne zerlassen, die Lammnüsschen darin 4–5 Minuten von jeder Seite anbräunen.

3 Die Nüsschen auf vorgewärmte Teller geben. Die Roquefort-Butter-Rolle in 8 Scheiben schneiden und jedes Nüsschen mit einer Scheibe Roquefortbutter belegen. Nach Belieben mit Schnittlauchröllchen garnieren und sofort servieren.

Lamm-Kartoffel-Eintopf

ZUTATEN

Für 4–6 Personen

Vier

1,25 kg Kartoffeln, geschält

1 kg Nackenendstück oder Schmorbraten vom Lamm, vom Fett befreit und in mundgerechte Stücke geschnitten

500 g Zwiebeln, in feine Ringe geschnitten

2 EL frisch gehackte glatte Petersilie

Zusätzlich

1 l Wasser

Salz und Pfeffer

1 Die Hälfte der Kartoffeln in dünne Scheiben schneiden. Abwechselnd Fleisch, Zwiebeln und Kartoffeln in einen großen Topf schichten, jede Lage mit Salz und Pfeffer würzen. Wasser hinzufügen, bis alles gut bedeckt ist.

2 Zum Kochen bringen, dann die Hitze reduzieren, abdecken und bei geringer Hitze 1¾ Stunden köcheln. Die restlichen Kartoffeln vierteln und auf den Eintopf geben. Den Deckel wieder auflegen und weitere 45 Minuten köcheln lassen, bis die Kartoffeln gar sind.

3 Die gedämpften Kartoffeln am Rand einer vorgewärmten Platte anrichten. Fleisch, Zwiebeln und Kartoffelscheiben in die Mitte füllen. Die Kochflüssigkeit mit Salz und Pfeffer abschmecken und über das Fleisch gießen. Mit der Petersilie bestreuen und sofort servieren.

Griechische Frikadellen

ZUTATEN

Für 4 bis 6 Personen

Vier

1 kg Lammhack

1 Zwiebel, gerieben

½ TL frisch geriebene Muskatnuss

150 g Pinienkerne, grob zerstoßen

Zusätzlich

Salz und Pfeffer

1 Den Backofengrill vorheizen. Alle Zutaten in eine Schüssel geben und mit Salz und Pfeffer abschmecken. Vorsichtig vermischen, dann zu 12 Frikadellen formen.

2 Die Frikadellen auf einem Grillrost 8 Minuten von jeder Seite goldbraun grillen. Sofort servieren.

Würstchen im Speckmantel

ZUTATEN

Vier

8 Bratwürstchen

2 EL milder Senf

24 getrocknete Pflaumen

8 Scheiben geräucherter Speck

Für 4 Personen

1 Den Backofengrill vorheizen. Mit einem scharfen Messer die Würstchen längs zu ¾ einritzen. Den Senf und jeweils 3 Pflaumen in den Schlitz geben.

2 Den Speck mit der Rückseite eines Messers dehnen, bis er sehr dünn ist. Um jedes Würstchen eine Scheibe wickeln.

3 Die Würstchen auf einen Grillrost legen und 15–20 Minuten grillen, bis sie durchgebraten und von allen Seiten braun sind. Sofort servieren.

Tagliatelle mit Schinken

ZUTATEN

Für 4 Personen

Vier

500 g Tagliatelle

150 g Butter

350 g luftgetrockneter Schinken, in 5 cm breite Streifen geschnitten

175 g frisch geriebener Parmesan

Zusätzlich

Pfeffer

1 Die Tagliatelle in kochendem Salzwasser 10–12 Minuten garen, bis sie al dente sind. Frische Tagliatelle 2–3 Minuten in kochendem Salzwasser garen.

2 Inzwischen die Butter in einer Pfanne zerlassen. Den Schinken darin bei mittlerer Temperatur anbraten. Die Pfanne vom Herd nehmen.

3 Die Tagliatelle abtropfen und in eine vorgewärmte Servierschüssel geben. Den Schinken und die zerlassene Butter unterrühren. Mit Parmesan bestreuen, mit Pfeffer abschmecken und servieren.

Hühnchenröllchen

ZUTATEN

Für 4 Personen

Vier

125 g Kalbshack

4 Hähnchenbrustfilets ohne Haut (à 125 g)

200 g Kräuterfrischkäse mit Knoblauch

3 TL flüssiger Honig

Zusätzlich

Salz und Pfeffer

Salbeiblätter, zum Garnieren (nach Belieben)

1 Das Hackfleisch in einer Pfanne bei mittlerer Temperatur 5 Minuten anbraten, bis es gut gebräunt ist. Mit Salz und Pfeffer abschmecken und die Pfanne vom Herd nehmen. Abkühlen lassen.

2 Den Backofen auf 190 °C vorheizen. Ein Stück Frischhaltefolie ausbreiten und die Hähnchenfilets darauflegen. Mit einem weiteren Stück Folie abdecken und mit einem Fleischklopfer vorsichtig flach klopfen, bis die Filets eine Dicke von 1 cm haben.

3 Das Hähnchenfleisch aus der Folie nehmen und den Frischkäse auf eine Seite streichen. Das Hackfleisch gleichmäßig darauf verteilen. Von einer Seite her aufrollen und mit dem Honig bestreichen.

4 Die Hähnchenröllchen auf einen Bratrost geben und 1 Stunde im Ofen garen, bis sie gut durch sind. Die Röllchen in dünne Scheiben schneiden. Nach Belieben mit Salbeiblättern garnieren und sofort servieren.

Hühnchen in Fruchtsauce

ZUTATEN

Vier

2 Mangos

400 g Aprikosen aus der Dose

50 g Butter

4 Hähnchenbrustfilets (à 175 g)

Zusätzlich

Salz und Pfeffer

Für 4 Personen

1 Mit einem scharfen Messer das Mangofleisch vom Stein abschneiden. Mit Zickzackbewegungen das Fleisch durchstechen und die Schale nach außen wölben. Das Fruchtfleisch von der Schale und vom Stein lösen und alles in eine Küchenmaschine geben.

2 Die Aprikosen abgießen, 250 ml Flüssigkeit aufbewahren, Aprikosen und Flüssigkeit mit den Mangos in der Küchenmaschine fein pürieren. Die Sauce in einen kleinen Topf gießen.

3 Die Butter in einer großen Pfanne zerlassen und die Filets bei mittlerer Temperatur 15 Minuten anbraten, bis sie gar sind. Zur Garprobe das dickste Stück mit der Spitze eines scharfen Messers anschneiden. Wenn die austretende Flüssigkeit klar ist, ist das Hähnchen gar.

4 Inzwischen die Sauce bei geringer Temperatur erhitzen, bis sie warm ist, aber nicht kocht.

5 Die Hähnchenfilets in breite Streifen schneiden und auf vorgewärmten Servietellern anrichten. Die Sauce darübergießen, mit Pfeffer abschmecken und sofort servieren.

Aprikosenhühnchen

ZUTATEN

Für 4 Personen

Vier

40 g Mehl

4 Hähnchenteile

4 EL Olivenöl

350 g getrocknete Aprikosen, über Nacht in 600 ml Wasser eingeweicht

Zusätzlich

Salz und Pfeffer

1 Das Mehl auf einen Teller geben und mit Salz und Pfeffer vermischen. Das Fleisch darin wälzen, anschließend gut abklopfen. Das restliche Mehl aufbewahren.

2 Das Öl in einem Bräter erhitzen, das Fleisch darin bei mittlerer Temperatur 8–10 Minuten anbraten, bis es goldbraun ist. Mit einem Schöpflöffel herausnehmen und beiseitestellen.

3 Die Aprikosen abgießen, die Flüssigkeit auffangen. Das restliche Mehl in den Bräter geben und bei geringer Temperatur 2 Minuten anschwitzen. Nach und nach die Abtropfflüssigkeit hinzufügen und zum Kochen bringen, dabei ständig rühren.

4 Die Aprikosen und Fleischteile hinzugeben. Abdecken und 45 Minuten köcheln, bis das Hähnchen gar und gut durch ist. Zur Garprobe das dickste Stück mit der Spitze eines scharfen Messers anschneiden. Wenn die austretende Flüssigkeit klar ist, ist das Hähnchen gar. Sofort servieren.

Poularde in Salzkruste

ZUTATEN

Für 4 Personen

Vier

1 Bund frische glatte Petersilie

1 Poularde (1,5 kg)

1,5 kg Meersalz

1 Eiweiß

Zusätzlich

Pfeffer

Zitronenscheiben

frische Thymianzweige, zum Garnieren (nach Belieben)

1 Den Backofen auf 180 °C vorheizen. Einen Bräter mit einer doppelten Lage Alufolie auslegen, die an den Seiten überlappt. Die Petersilie in die Poularde geben und die Keulen mit Küchengarn zusammenbinden.

2 Salz und Eiweiß in einer Schüssel gut vermischen, bis das Salz feucht ist. Ein Drittel der Salzmischung auf der Folie verteilen. Die Poularde darauflegen und mit dem restlichen Salz begießen, bis sie völlig bedeckt ist.

3 Die überhängenden Seiten der Folie über der Poularde zusammenschlagen, bis sie komplett eingewickelt ist. 90 Minuten backen.

4 Die Poularde aus dem Bräter nehmen. Die Folie öffnen und die Salzkruste mit dem Rücken eines großen Messers aufbrechen. Alle Salzteile entfernen und die Poularde auf ein Schneidebrett legen. Nach Belieben mit Thymian garnieren und sofort servieren.

Zitronenhühnchen vom Rost

ZUTATEN

Für 4 Personen

Vier

1 Poularde, ca. 1,5 kg

1 Bouquet garni oder 6 Estragonzweige

1 Zitrone

1 gehäufter EL weiche Butter

Zusätzlich

5 EL Wasser

Salz und Pfeffer

1 Den Backofen auf 200 °C vorheizen. Einen Rost in einen Bräter legen.

2 Die Poularde innen und außen mit Salz und Pfeffer einreiben. Die Kräuter in die Bauchhöhle geben. Den Saft einer halben Zitrone auspressen und mit Schale in die Bauchhöhle geben.

3 Die Poularde mit der Butter bestreichen und auf den Rost legen. Darüber den Saft der anderen Zitronenhälfte gießen. 90 Minuten im Ofen braten, bis das Fleisch gar ist. Zur Garprobe mit einem scharfen Messer ins Fleisch stechen. Wenn die Bratflüssigkeit klar ist, ist das Fleisch gar.

4 Die Poularde aus dem Bräter heben, mit Folie abdecken und 15 Minuten ruhen lassen.

5 Das Fett in der Bratenflüssigkeit abschöpfen und den Bräter bei mittlerer Temperatur erhitzen. Das Wasser hineingeben und zum Kochen bringen, dabei sämtliche Fleischreste an den Wänden mit einem Holzlöffel lösen. Die fertige Sauce in eine Sauciere gießen. Die Poularde in Stücke schneiden und mit der Sauce servieren.

Thaihühnchen

ZUTATEN

Für 4 Personen

Vier

6 Knoblauchzehen, grob gehackt

8 Hähnchenschenkel

1 EL thailändische Fischsauce

4 EL dunkle Sojasauce

Zusätzlich

Pfeffer

Ingwerstifte, zum Garnieren (nach Belieben)

1 Die Knoblauchzehen in einen Mörser geben und mit 1 Teelöffel schwarzem Pfeffer zu einer Paste zerstoßen. Mit einem scharfen Messer 3–4 diagonale Schnitte auf beiden Seiten der Hähnchenschenkel machen. Die Knoblauchpaste daraufstreichen und in einen Topf legen. Fischsauce und Sojasauce darübergießen und die Schenkel darin wenden. Mit Frischhaltefolie abdecken und für 2 Stunden zum Marinieren in den Kühlschrank stellen.

2 Den Backofengrill vorheizen. Die Hähnchenschenkel abtropfen und die Marinade aufbewahren. Die Schenkel auf einen Rost legen und 20–25 Minuten grillen, bis sie gar sind, dabei mehrmals wenden und immer wieder mit der Marinade begießen. Zur Garprobe mit der Spitze eines scharfen Messers in das Fleisch schneiden; ist die austretende Flüssigkeit klar, ist das Fleisch gar. Nach Belieben mit Ingwerstiften garnieren und servieren.

Honigente mit Grapefruit

ZUTATEN

Vier

1 Grapefruit

4 Entenbrustfilets

4 EL flüssiger Honig

frische Thymianzweige, zum Garnieren

Zusätzlich

Salz und Pfeffer

Für 4 Personen

1 Den Backofengrill vorheizen. Die Grapefruit schälen, dabei die weiße Haut gründlich entfernen. Mit einem scharfen Messer die Filets herausschneiden und beiseitelegen.

2 Mit einem scharfen Messer 3 tiefe diagonale Schnitte in die Hautseite der Entenbrustfilets machen. Mit 3 EL Honig bestreichen und mit Salz und Pfeffer würzen.

3 Die Filets mit der Haut nach unten in eine Auflaufform geben und unter dem Grill 2 Minuten grillen. Die Auflaufform aus dem Ofen nehmen und die Filets wenden. Ein Grapefruitstück in jeden Schnitt geben und leicht hineindrücken. Mit dem restlichen Honig bestreichen und weitere 3 Minuten grillen.

4 Die Entenbrust mit Thymianzweigen garnieren und sofort servieren.

Feurige Putenschenkel

ZUTATEN

Für 4 Personen

Vier

2 Putenschenkel ohne Haut

½ TL Cayennepfeffer

2 EL Dijon-Senf oder sehr scharfer Senf

3 EL weiche Butter

Zusätzlich

Salz und Pfeffer

1 Die Putenschenkel einschneiden. Mit Salz und Pfeffer würzen und etwas Cayennepfeffer hinzugeben. Den Senf auf den Schenkeln verstreichen, dabei gut in die Schnitte drücken. Die Schenkel in eine große Schüssel legen, mit Frischhaltefolie abdecken und 6–8 Stunden marinieren.

2 Die Butter in einer Schüssel verrühren, den verbleibenden Cayennepfeffer hinzugeben, mit Frischhaltefolie abdecken und bis zum Servieren in den Kühlschrank stellen.

3 Den Backofengrill vorheizen. Die Putenschenkel auf einen Rost legen und unter dem Grill bei gelegentlichem Wenden 15–20 Minuten braten, bis sie goldbraun und gut durch sind. Zur Garprobe mit der Spitze eines scharfen Messers in das Fleisch schneiden: Ist die austretende Flüssigkeit klar, ist das Fleisch gar.

4 Die Putenschenkel in Scheiben schneiden. Auf einer Servierplatte mit der Cayennepfefferbutter anrichten und servieren.

4 Gemüse & vegetarische Gerichte

Die Rezepte in diesem Kapitel enthalten köstliche Beilagen, fantastische vegetarische Hauptgerichte und eine große Auswahl an Salaten. Hier werden Ihnen nicht nur Gerichte mit Gemüse, sondern auch mit Eiern, Käse, Pasta und Reis vorgestellt. Sie eignen sich hervorragend als alleinige Mahlzeit, bilden aber auch perfekte Begleiter zu den Gerichten aus den vorhergehenden Kapiteln.

Feurige Paprika vom Rost

ZUTATEN

Für 6 Personen

Vier

6 rote Paprika, in breite Streifen geschnitten

150 g frische grüne Chillies oder Jalapeño-Chillies, entkernt und in feine Streifen geschnitten

2 Knoblauchzehen, zerdrückt

4 EL natives Olivenöl extra

1 Den Backofen auf 200 °C vorheizen. Abwechselnd Paprika, Chillies und Knoblauch in eine Auflaufform schichten. Das Olivenöl darübergießen.

2 Abdecken und 50–60 Minuten backen, bis die Paprika weich sind. Die Auflaufform aus dem Ofen nehmen und die Hitze auf 180 °C reduzieren. Die Form wieder in den Ofen stellen und weitere 45 Minuten backen, bis die Chillies sehr weich sind und beginnen, außen schwarz zu werden.

3 Das heiße Gericht sofort servieren. Die Paprika können auch abgekühlt in ein Glas mit Schraubdeckel gegeben werden, worin sie sich im Kühlschrank bis zu 3 Wochen halten. Die Paprika sollten von der Flüssigkeit bedeckt sein; falls dies nicht der Fall ist, Olivenöl nach Bedarf zugießen.

Überbackene Pilze

ZUTATEN

Vier

3 EL Butter

600 g Schlagsahne

350 g gemischte Pilze, halbiert, je nach Größe

50 g frisch geriebener Pecorino

Zusätzlich

Salz und Pfeffer

Für 4 Personen

1 Den Backofen auf 200 °C vorheizen. Vier Souffléförmchen mit der Butter einfetten.

2 Etwas von der Sahne in jede Form geben und die Pilze darauf verteilen. Mit Salz und Pfeffer würzen. Die restliche Sahne darübergeben und den Pecorino daraufstreuen.

3 Die Pilze 15 Minuten backen, bis der Käse goldbraun ist und Blasen wirft. Sofort servieren.

Tomaten-Auberginen-Auflauf

ZUTATEN

Für 4 Personen

Vier

3 EL Olivenöl

2 Auberginen, in dünne Scheiben geschnitten

4 Tomaten, gehäutet und in Scheiben geschnitten

3 EL frisch gehackte glatte Petersilie

Zusätzlich

Salz und Pfeffer

1 Den Backofen auf 190 °C vorheizen. Das Öl in einer großen Pfanne erhitzen, die Auberginenscheiben darin 4 Minuten anbraten. Mit einem Pfannenwender herausnehmen.

2 Abwechselnd Tomatenscheiben, Petersilie und Auberginenscheiben in eine Auflaufform schichten, jede Lage mit Salz und Pfeffer würzen, als oberste Lage eine Schicht Tomaten auflegen.

3 Abdecken und 1 Stunde backen, bis das Gemüse gar ist. Sofort servieren.

Eier im Kartoffelnest

ZUTATEN

Für 4 Personen

Vier

4 große Backkartoffeln

4 EL Butter

2 EL Sahne

4 Eier

Zusätzlich

Salz und Pfeffer

1 Den Backofen auf 200 °C vorheizen. Die Kartoffeln rundum mit einer Gabel einstechen und 1 Stunde backen, bis sie weich sind.

2 Die Kartoffeln aus dem Ofen nehmen, ohne ihn auszuschalten. Jede Kartoffel längs halbieren und das Innere mit einem Teelöffel herausschaben, ohne dabei die Schalen zu verletzen. Das Kartoffelinnere mit der Butter und der Sahne vermischen und mit Salz und Pfeffer abschmecken.

3 Die Kartoffelmischung in die Schalen füllen und in eine Auflaufform legen. Ein Loch in die Mitte der Kartoffelmischung drücken und ein Ei hineingleiten lassen. Mit Salz und Pfeffer würzen.

4 Die Eier im Kartoffelnest 10–15 Minuten backen, bis die Eier stocken. Dann sofort servieren.

Blumenkohl-Käse-Soufflé

ZUTATEN

Für 4 Personen

Vier

650 g Blumenkohlröschen

4 Eier, getrennt

100 g Blauschimmelkäse, zerbröselt

2 TL Dijonsenf

Zusätzlich

Salz und Pfeffer

1 Den Backofen auf 190 °C vorheizen. Den Blumenkohl in kochendem Salzwasser 5–10 Minuten kochen, bis er gar ist. Gut abtropfen, unter fließend kaltem Wasser abspülen und nochmals abtropfen.

2 Die Blumenkohlröschen und das Eigelb in eine Küchenmaschine geben und zu einer weichen Masse mixen. Die Masse in einer Schüssel mit Käse und Senf vermischen. Mit Salz und Pfeffer abschmecken.

3 Das Eiweiß in einer fettfreien Schüssel steif schlagen. Vorsichtig ein Drittel des Eiweißes unter die Blumenkohlmischung heben. Das verbleibende Eiweiß in zwei Portionen unterheben.

4 Das Soufflé auf vier kleine Souffléförmchen verteilen und 35 Minuten backen, bis es aufgegangen und an der Oberfläche goldbraun ist. Sofort servieren.

Zweierlei Rösti

ZUTATEN

Vier

350 g Kartoffeln

350 g Süßkartoffeln

4 EL Sonnenblumenöl

3 EL Butter

Zusätzlich

Salz

Für 4 Personen

1 Die Kartoffeln in Salzwasser geben und aufkochen. 10 Minuten kochen, dann das Wasser abgießen und die Kartoffeln abkühlen lassen. Anschließend pellen und in eine Schüssel reiben. Inzwischen die Süßkartoffeln schälen und roh in eine andere Schüssel reiben.

2 Kartoffeln und Süßkartoffeln jeweils in 4 Portionen teilen und je ein Rösti von 1 cm Dicke formen, dabei vorsichtig zusammendrücken.

3 Die Hälfte des Öls mit der Butter in einer schweren gusseisernen Pfanne zerlassen. Die Kartoffelrösti bei mittlerer Temperatur 5 Minuten anbraten, bis sie auf der Unterseite knusprig und goldbraun sind. Vorsichtig wenden, falls notwendig, wieder zurechtdrücken und weitere 5 Minuten von der anderen Seite braten, bis diese ebenfalls goldbraun ist. Aus der Pfanne nehmen und warm stellen.

4 Das verbleibende Öl und die Butter in der Pfanne zerlassen. Die Süßkartoffelrösti wie die Kartoffelrösti von jeder Seite 5 Minuten anbraten. Aus der Pfanne nehmen und die Rösti sofort servieren.

Tomaten-Spinat-Pasta

ZUTATEN

Für 4 Personen

Vier

500 g getrocknete Orecchiette oder ähnliche Pasta

3 EL Olivenöl

250 g frischer Babyspinat, die harten Stiele entfernt

500 g Kirschtomaten, halbiert

Zusätzlich

Salz und Pfeffer

frisch geriebener Parmesan (nach Belieben)

1 Die Pasta in kochendem Salzwasser 10–12 Minuten al dente kochen.

2 Inzwischen das Öl in einem Topf erhitzen, Spinat und Tomaten darin 2–3 Minuten anbraten, bis der Spinat zusammenfällt und die Tomaten heiß sind, aber nicht auseinanderfallen.

3 Die Pasta abtropfen lassen und zum Gemüse geben. Vorsichtig vermischen, mit Salz und Pfeffer abschmecken, nach Belieben mit Parmesan bestreuen und servieren.

Spaghetti mit Petersilie & Parmesan

ZUTATEN

Für 4 Personen

Vier

500 g Spaghetti

175 g Butter

4 EL frisch gehackte glatte Petersilie

200 g frisch geriebener Parmesan

Zusätzlich

Salz

1 Die Pasta in kochendem Salzwasser 10–12 Minuten al dente kochen. Abtropfen lassen und in eine vorgewärmte Servierschüssel geben.

2 Butter, Petersilie und die Hälfte des Parmesans hinzufügen und mit 2 Gabeln gut unterrühren, bis Butter und Käse geschmolzen sind. Sofort servieren und den restlichen Parmesan separat reichen.

Überbackener Porree mit Ei

ZUTATEN

Für 4 Personen

Vier

90 g Butter

8 kleine Porreestangen

6 EL frisch geriebener Parmesan

4 Eier

Zusätzlich

Salz und Pfeffer

1 Den Backofen auf 160 °C vorheizen. Eine Auflaufform mit etwas Butter einfetten.

2 In einem großen Topf mit kochendem Salzwasser die Porreestangen 7–10 Minuten bissfest garen. Gut abtropfen und vorsichtig so viel Wasser wie möglich herausdrücken. Mit Küchenpapier trocken tupfen.

3 Die Porreestangen ggf. zerteilen und in die vorbereitete Auflaufform legen. Mit der Hälfte des Parmesans und einem Drittel der restlichen Butter bestreuen und 5 Minuten im Ofen backen.

4 Inzwischen die restliche Butter in einer Pfanne zerlassen. Die Eier darin braten, bis sie stocken. Die Porreestangen aus dem Ofen nehmen und die Eier darauflegen. Mit dem restlichen Parmesan bestreuen und mit Pfeffer abschmecken. Sofort servieren.

Käse-Gemüse-Tarte

ZUTATEN

Für 4 Personen

Vier

350 g fertiger Mürbeteig oder Tiefkühl-Mürbeteig, aufgetaut

250 g tiefgekühltes gemischtes Gemüse

150 g Schlagsahne

120 g frisch geriebener Emmentaler

Zusätzlich

Salz und Pfeffer

1 Den Teig auf einer leicht bemehlten Arbeitsfläche ausrollen und auf die Größe einer Quicheform (24 cm Ø) zurechtschneiden. Die Quicheform mit Backpapier auslegen und den Teig darauflegen. Mehrmals einstechen und für 30 Minuten in den Kühlschrank geben. Den Backofen auf 200 °C vorheizen.

2 Den Teig mit Backpapier bedecken und mit getrockneten Erbsen füllen. 20 Minuten im Ofen blindbacken. Aus dem Ofen nehmen und Erbsen und Backpapier entfernen. Weitere 5–7 Minuten backen, bis der Teig goldbraun ist. Aus dem Ofen nehmen und abkühlen lassen.

3 Währenddessen das Gemüse in kochendem Salzwasser garen. Abtropfen und abkühlen lassen.

4 Den Ofen erneut auf 200 °C vorheizen. Gemüse und Sahne vermischen und mit Salz und Pfeffer abschmecken. Die Mischung nach und nach auf den Teig geben und den Käse darüberstreuen. 15 Minuten backen, bis der Käse geschmolzen und goldbraun ist. Heiß oder kalt servieren.

Mexikanischer Reis

ZUTATEN

Für 4 Personen

Vier

1 Zwiebel, gehackt

400 g Eiertomaten, gehäutet, entkernt und gehackt

250 ml Rinderbrühe

200 g Langkornreis

Zusätzlich

Salz und Pfeffer

1 Zwiebel und Tomaten in einer Küchenmaschine pürieren. Das Püree in einen Topf geben, die Brühe zugießen und bei mittlerer Temperatur zum Kochen bringen. Dabei gelegentlich rühren.

2 Den Reis hinzufügen und aufkochen lassen, dann die Temperatur reduzieren. Den Topf abdecken und 20–25 Minuten köcheln lassen, bis die Flüssigkeit aufgesogen ist und der Reis weich ist. Falls der Reis zu trocken wird, mehr Brühe zugießen. Mit Salz und Pfeffer abschmecken und sofort servieren.

Tomaten mit Ziegenkäse

ZUTATEN

Vier

12 Tomaten

6 runde Ziegenfrischkäse-taler à 40 g

3 frische Basilikumzweige, gehackt

1 Ei, leicht verquirlt

Zusätzlich

Salz und Pfeffer

Für 6 Personen

1 Vom Stielende der Tomaten einen Deckel abschneiden. Das Fleisch und die Samen mit einem Teelöffel vorsichtig herausschaben, ohne die Tomaten zu beschädigen. Die Samen entfernen und das Fleisch in eine Schüssel geben. Das Innere der Tomaten salzen, die Tomaten auf den Kopf stellen und auf Küchenpapier 45 Minuten abtropfen lassen.

2 Ziegenkäse und Basilikum mit dem Tomatenfleisch in der Schüssel vermengen. Mit Salz und Pfeffer abschmecken, das Ei hineinschlagen und zu einer dicken Masse verrühren.

3 Den Backofen auf 160 °C vorheizen. Die Käsemischung in die Tomaten füllen und den Deckel aufsetzen. Die Tomaten in einer Auflaufform 10 Minuten backen. Den Ofen ausschalten und die Tomaten weitere 5 Minuten im Ofen ruhen lassen, dann servieren.

Marokkanischer Tomaten-Paprika-Salat

ZUTATEN

Für 4 Personen

Vier

3 rote Paprika

4 reife Tomaten

½ Bund frisch gehackter Koriander

2 Knoblauchzehen, fein gehackt

Zusätzlich

Salz und Pfeffer

1 Den Backofengrill vorheizen. Die Paprika unter dem Grill 15 Minuten rösten, dabei gelegentlich wenden. Die Tomaten hinzufügen und unter gelegentlichem Wenden weitere 5–10 Minuten grillen, bis die Haut schwarz wird und aufreißt. Aus dem Ofen nehmen und abkühlen lassen.

2 Paprika und Tomaten häuten und entkernen und in feine Streifen schneiden. In eine Schüssel geben, gut vermischen und mit Salz und Pfeffer abschmecken. Mit Koriander und Knoblauch bestreuen, mit Frischhaltefolie abdecken und im Kühlschrank mindestens 1 Stunde kalt stellen. Vor dem Servieren die Flüssigkeit abgießen.

Zwiebel-Orangen-Salat

ZUTATEN

Für 4 Personen

Vier

4 Orangen

2 weiße Zwiebeln, in feine Ringe geschnitten, die Ringe zerteilt

16 schwarze Oliven, entsteint

natives Olivenöl extra, zum Beträufeln

Zusätzlich

Salz und Pfeffer

1 Die Orange schälen und von der weißen Haut befreien. Mit einem scharfen Messer das Fruchtfleisch in Scheiben herausschneiden, die Kerne dabei entfernen.

2 Orangenscheiben und Zwiebelringe kreisförmig auf Tellern anrichten und mit Salz und Pfeffer würzen. 4 Oliven in die Mitte jedes Tellers geben und den Salat mit Öl beträufeln. Abdecken und 30 Minuten ruhen lassen, dann servieren.

Tomaten-Feta-Salat

ZUTATEN

Für 4 Personen

Vier

1 kg vollreife Tomaten, in dicke Scheiben geschnitten

250 g Feta

125 ml natives Olivenöl extra

16 schwarze Oliven, entsteint

Zusätzlich

Pfeffer

1 Die Tomatenscheiben kreisförmig auf einer Servierplatte anrichten. Den Feta über die Tomaten krümeln und mit Olivenöl beträufeln. Die Oliven darübergeben.

2 Mit Pfeffer würzen. Salz ist wahrscheinlich nicht notwendig, da Feta schon sehr salzig ist. Vor dem Servieren 30 Minuten ruhen lassen.

Pilzsalat

ZUTATEN

Für 4 Personen

Vier

250 g weiße oder braune Champignons, in feine Scheiben geschnitten

fein abgeriebene Schale und Saft von ½ Zitrone

3 EL saure Sahne

1 EL frisch gehackter Kerbel

Zusätzlich

Salz und Pfeffer

1 Die Pilze in einer großen Schüssel mit der Zitronenschale und dem Saft vermischen. Vorsichtig die Sahne unterrühren und mit Salz und Pfeffer abschmecken.

2 Die Schüssel mit Frischhaltefolie abdecken und 1 Stunde ruhen lassen, dabei ein- oder zweimal umrühren. Den Salat in eine Servierschüssel geben, mit Kerbel bestreuen und servieren.

5 Desserts

Für viele ist ein gutes Essen nur dann wirklich gelungen, wenn es mit einem Dessert abschließt. Doch damit kann ein viel beschäftigter Koch leicht überfordert sein. Aber wenn man nur vier Zutaten verwendet, kann man unwiderstehliche kalte Sahnespeisen, köstliche heiße Puddings und sogar fantastische hausgemachte Eiscremes mit geringem Aufwand ganz einfach auf den Tisch zaubern.

Nektarinenschichtcreme

ZUTATEN

Für 4 Personen

Vier

4 Nektarinen, geschält und in Scheiben geschnitten

2 EL Bittermandellikör, z. B. Amaretto

150 g Quark

300 g Pfirsichjoghurt

1 Einige Nektarinenscheiben zur Dekoration zurückhalten. Die restlichen in eine Schüssel geben, den Likör hinzugießen und dann beiseitestellen.

2 Quark und Joghurt in einer anderen Schüssel vermengen. Die Hälfte der Mischung in 4 hohe Gläser geben. Die Nektarinen-Likör-Mischung darauf verteilen und die restliche Quark-Joghurt-Mischung darübergeben.

3 Mit den zurückbehaltenen Nektarinenscheiben dekorieren und vor dem Servieren mindestens 30 Minuten im Kühlschrank kalt stellen.

Beerendessert

ZUTATEN

Für 6 Personen

Vier

1 kg gemischte Beeren, z. B. Himbeeren und Brombeeren

150 g Puderzucker

125 ml Milch

4 Scheiben altbackenes Weißbrot, die Kruste entfernt

1 Die Beeren in eine Schüssel geben. Mit dem Zucker bestreuen und beiseitestellen.

2 Die Milch über die Brotscheiben gießen, um sie einzuweichen. Den Boden und die Seiten einer runden Auflaufform mit zwei Dritteln der Brotscheiben so auslegen, dass sie etwas überlappen. Die Beeren auf das Brot geben und die verbleibenden Brotscheiben oben auflegen, sodass die Früchte vollständig abgedeckt sind.

3 Ein rundes Stück Backpapier auf die oberste Brotschicht legen. Dann einen Teller oder Deckel, der etwas kleiner ist als der Durchmesser der Auflaufform, darauflegen. Mit einem Gewicht, z. B. einer Konservendose, beschweren. Im Kühlschrank mindestens 8 Stunden ruhen lassen.

4 Zum Servieren das Gewicht, den Teller und das Papier abnehmen. Einen Servierteller auf die Auflaufform stellen, diese umdrehen und dabei leicht rütteln, sodass das Dessert aus der Form heraus auf den Teller gleiten kann.

Honig-Schokoladen-Bananen

ZUTATEN

Für 4 Personen

Vier

4 EL Butter

4 reife Bananen, längs halbiert

4 EL flüssiger Honig

175 g Zartbitterschokolade, gerieben

1 Die Butter in einer Pfanne zerlassen. Die Bananen hineingeben und unter gelegentlichem Wenden 4–5 Minuten braten. Vorsichtig herausheben und auf Teller verteilen.

2 Einen Esslöffel Honig entlang jeder Banane verteilen und mit der geriebenen Schokolade bestreuen. Sofort servieren.

Birnen in Rotwein

ZUTATEN

Vier

4 große Birnen

220 g Zucker

1 Zimt- oder Vanillestange

150 ml Rotwein

Zusätzlich

150 ml Wasser

Für 4 Personen

1 Die Birnen schälen, dabei die Stiele an der Frucht lassen. Ein dünnes Stück von der Unterseite abschneiden, sodass die Birne aufrecht stehen kann.

2 Zucker und Zimtstange in einem großen Topf mit Wasser bei mittlerer Temperatur zum Kochen bringen. So lange rühren, bis sich der Zucker aufgelöst hat. Die Birnen hinzugeben, die Hitze reduzieren, abdecken und 15 Minuten köcheln.

3 Den Wein hinzugießen und ohne Deckel weitere 15 Minuten kochen, bis die Birnen gerade weich sind. Die Birnen mit einem Schöpflöffel herausnehmen und in einer Servierschüssel aufrecht hinstellen.

4 Die Zimtstange aus dem Weinsirup nehmen und diesen wieder zum Kochen bringen. Kochen, bis er andickt, dann den Sirup über die Birnen gießen und abkühlen lassen. Mindestens eine Stunde vor dem Servieren kalt stellen.

Himbeer-Baiser-Creme

ZUTATEN

Für 4 Personen

Vier

500 g Himbeeren

4 EL Bittermandel- oder Himbeerlikör

300 g Schlagsahne

6 kleine weiße Baisers, leicht zerbröckelt

1 Die Himbeeren in eine Schüssel geben und den Likör darüberträufeln. Mit Frischhaltefolie abdecken und im Kühlschrank 2 Stunden kalt stellen.

2 Die Sahne in einer großen Schüssel aufschlagen, bis sich weiche Spitzen bilden. Dann die Likörhimbeeren unterziehen. Die zerkleinerten Baisers darüber verteilen und vorsichtig unterheben. In eine Servierschüssel füllen und sofort servieren.

Orangengranita

ZUTATEN

Für 6 Personen

Vier

6 Orangen

1½ Zitronen

150 g Zucker

6 Amarettini

Zusätzlich

500 ml Wasser

1 Die Früchte mit der weißen Haut schälen. Einige dünne Streifen von der Schale abschneiden und alles aufbewahren. Den Saft auspressen.

2 Zucker und Wasser in einem Topf kochen, dabei ständig rühren, bis der Zucker aufgelöst ist. 10 Minuten weiterkochen, ohne umzurühren, bis die Flüssigkeit andickt und zu Sirup wird. Vom Herd nehmen, die großen Schalenstücke hinzufügen, abdecken und abkühlen lassen.

3 Abgekühlten Sirup und Saft in einem Gefrierbehälter zum Anfrieren 4 Stunden ins Gefrierfach stellen.

4 Die dünnen Schalenstreifen 2 Minuten blanchieren. Dann abtropfen lassen und mit kaltem Wasser übergießen. Mit Küchenpapier trocken tupfen.

5 Die Granita aus dem Gefrierfach nehmen und mit einer Gabel aufbrechen. Weitere 4 Stunden tiefkühlen, bis sie hart ist.

6 Die Granita aus dem Gefrierfach nehmen und stehen lassen, bis sie weich ist. Mit einer Gabel umrühren, in Gläser geben und mit den Orangenstreifen dekorieren. Mit Amarettini servieren.

Schwarze-Johannisbeeren-Sorbet

ZUTATEN

Für 6 Personen

Vier

100 g Feinstzucker

500 g schwarze Johannisbeeren

2 EL Zitronensaft

1 EL Eiweiß

Zusätzlich

125 ml Wasser

1 Wasser und Zucker kochen, bis der Zucker aufgelöst ist. Weitere 2 Minuten ohne Rühren kochen, dann vom Herd nehmen und abkühlen lassen.

2 Johannisbeeren und Zitronensaft in einer Küchenmaschine pürieren. Den abgekühlten Sirup hinzugeben und weitermixen. Das Püree durch ein Haarsieb in eine Schüssel streichen.

3 Das Püree in einen Gefrierbehälter geben, mit Frischhaltefolie abdecken und 3–4 Stunden tiefkühlen. Aus dem Gefrierfach nehmen, in eine Schüssel geben, zerkleinern und abermals pürieren. Das Eiweiß hinzufügen und pürieren, bis es sich gut vermischt hat.

4 Das Sorbet in den Gefrierbehälter zurückgeben, abdecken und für weitere 4 Stunden einfrieren. Aus dem Gefrierfach nehmen, in einer Schüssel zerkleinern und wieder pürieren.

5 Das Sorbet zurück in den Behälter geben, abdecken und ins Gefrierfach zurückstellen, wo es bis zu 5 Tage aufbewahrt werden kann. Vor dem Servieren bei Zimmertemperatur weich werden lassen.

Süßsaures Fruchtkompott

ZUTATEN

Für 4 Personen

Vier

650 g Rhabarber, in 2,5-cm-Stücke geschnitten

Saft von 2 Orangen

70 g Vanillezucker oder Feinstzucker, plus etwas mehr zum Servieren

300 g Erdbeeren

1 Den Rhabarber in einen Topf geben und mit Orangensaft und Zucker zum Kochen bringen. Dabei gelegentlich rühren, bis sich der Zucker aufgelöst hat. Die Hitze reduzieren und 5 Minuten köcheln lassen, dabei gelegentlich rühren.

2 Währenddessen die Erdbeeren säubern und große Exemplare halbieren. In den Topf geben und weitere 5 Minuten köcheln lassen.

3 Das warme Kompott auf Schälchen verteilen und sofort servieren oder auf Zimmertemperatur abkühlen lassen. Vor dem Servieren mit Zucker bestreuen.

Limettenschnee

ZUTATEN

Vier

3 Limetten

50 g feiner Zucker

1 EL gemahlene Gelatine

2 Eiweiß

Zusätzlich

250 ml Wasser

Für 4 Personen

1 Die Schale der Limetten vorsichtig abreiben. ¼ der Schale zur Dekoration beiseitelegen und den Rest in eine Schüssel geben. Den Limettensaft in die Schüssel geben.

2 Zucker mit Wasser zum Kochen bringen. Dabei rühren, bis der Zucker aufgelöst ist. Vom Herd nehmen und die Gelatine darüberstreuen. 5 Minuten stehen lassen, dann verquirlen, bis sich die Gelatine vollständig aufgelöst hat. Die Mischung in einem dünnen Strahl zum Saft gießen, dabei ständig rühren. 30 Minuten in den Kühlschrank stellen, bis sie anfängt zu stocken.

3 Das Eiweiß steif schlagen. Das Limettengelee aus dem Kühlschrank nehmen und schaumig rühren. Das Eiweiß in zwei Portionen unterheben. Die Mischung zurück in den Kühlschrank stellen und weitere 15 Minuten kühlen.

4 Den Limettenschnee aus dem Kühlschrank nehmen und schlagen, bis er leicht und schaumig ist. Auf Schalen verteilen und weitere 2–3 Stunden kühlen. Vor dem Servieren mit der restlichen Limettenschale bestreuen.

Maronencreme mit Madeira

ZUTATEN

Für 6 Personen

Vier

6 Biskuitkekse

175 ml Madeira

350 g gesüßtes Maronenpüree aus der Dose

200 g Schlagsahne

1 Je einen Biskuitkeks in ein Glas geben. Zurechtschneiden, falls er nicht hineinpasst. Den Madeira über die Kekse gießen und 15 Minuten ziehen lassen.

2 Das Maronenpüree in die Gläser geben und die Oberfläche mit einem Löffelrücken glatt streichen. Falls notwendig, den Gläserrand mit Küchenpapier säubern.

3 Die Sahne in einer Schüssel steif schlagen. Dann in eine Spritztüte mit sternförmiger Tülle füllen. Die Sahne dekorativ über das Maronenpüree spritzen. Vor dem Servieren mindestens 30 Minuten kalt stellen.

Aprikosencreme

ZUTATEN

Für 4 Personen

Vier

400 g Aprikosen aus der Dose, abgetropft

1 EL Bittermandellikör, z. B. Amaretto oder Cointreau

175 g saure Sahne

2 EL gehackte Pistazien

1 Aprikosen und Likör in eine Küchenmaschine geben und pürieren. Abwechselnd löffelweise Püree und Sahne auf 4 Gläser verteilen, leicht verrühren, um eine Marmorierung zu erzeugen.

2 Die Pistazien zur Dekoration auf die Creme geben und sofort servieren. Alternativ kann man sie 30–45 Minuten vor dem Servieren im Kühlschrank kalt stellen.

Bratapfel mit Ingwer

ZUTATEN

Für 4 Personen

Vier

40 g Butter, plus etwas mehr zum Einfetten

4 große Backäpfel

4 EL Pflaumenmus

3 EL gehackte Ingwerpflaumen (eingelegter Ingwer)

Zusätzlich

300 ml Wasser

1 Den Backofen auf 190 °C vorheizen. Eine flache Auflaufform, die groß genug ist, dass die Äpfel darin stehen können, mit Butter einfetten.

2 Mit einem Apfelentkerner die Äpfel entkernen, ohne ganz durch den Apfel hindurchzustechen. Die obere Hälfte jedes Apfels schälen. Mit einem scharfen Messer das Innere vorsichtig vergrößern. Die Äpfel in die vorbereitete Form stellen.

3 Pflaumenmus und Ingwer in einer Schüssel vermischen und die Mischung in die Äpfel füllen. Die Butter zerlassen und über die obere Hälfte der Äpfel gießen. Den verbleibenden Rest auf die Füllung gießen.

4 Wasser unten in die Form gießen, aber nicht über die Äpfel, und 45–60 Minuten backen, dabei die Äpfel gelegentlich mit dem Kochsud übergießen. Warm servieren.

Melone & Schattenmorellen

ZUTATEN

Für 4 Personen

Vier

2 Cantaloup-Melonen

400 g Schattenmorellen aus dem Glas, abgetropft

2 EL Kirschwasser

500 ml Pfirsichsorbet oder ein anderes Sorbet (nach Belieben)

1 Die Melonen halbieren und die Samen mit einem Löffel herauskratzen. Mit einem Melonenschneider das Fleisch bis auf eine Schalendicke von 5 mm herausschneiden. Die Schalen beiseitelegen, die Melonenbällchen in eine Schüssel legen und im Kühlschrank 1 Stunde kalt stellen.

2 Währenddessen die Kirschen mit dem Kirschwasser in einer Schüssel vermischen. Mit Frischhaltefolie abdecken und 1 Stunde ruhen lassen.

3 Die gekühlten Melonen zur Kirschmischung geben. Mit dem Kugelschneider aus dem Sorbet Kugeln ausstechen und zur Fruchtmischung geben. Gut vermischen, die Mischung in die Melonenschalen geben und sofort servieren.

Mexikanische Ananascreme

ZUTATEN

Vier

450 g Ananas aus der Dose, abgetropft

600 ml Milch

6 Eier

120 g Feinstzucker

Für 6 Personen

1 Den Ofen auf 160 °C vorheizen. Die Ananas hacken oder portionsweise in einer Küchenmaschine kurz pürieren.

2 Die Milch in einen Topf geben und erhitzen. Kurz bevor sie kocht, vom Herd nehmen.

3 Zwei Eier trennen, das Eigelb in eine hitzefeste Schüssel geben. Die verbleibenden Eier und den Zucker hinzufügen. Die Schüssel über einem Wasserbad rühren, bis die Mischung andickt und hell wird (die Schüssel darf das Wasser nicht berühren). Die Schüssel vom Topf nehmen und die Milch unter Rühren in dünnem Strahl zugießen. Anschließend das Ananaspüree unterheben.

4 Die Mischung in eine Auflaufform füllen und in einen Bräter stellen. Kochendes Wasser auf beiden Seiten einfüllen, sodass die Form zur Hälfte im Wasser steht. 45–60 Minuten backen, bis an einem hineingesteckten Holzstäbchen keine Ananascreme mehr haften bleibt.

5 Die Form aus dem Herd nehmen und die heiße Creme sofort servieren.

Register